坐着高铁去遛娃！
京沪线

中国地图出版社　编著

中国地图出版社
·北京·

图书在版编目（CIP）数据

坐着高铁去遛娃！. 京沪线 / 中国地图出版社编著
. —— 北京：中国地图出版社，2022.11
　　ISBN 978-7-5204-3158-3

Ⅰ. ①坐… Ⅱ. ①中… Ⅲ. ①旅游指南-中国 Ⅳ.
①K928.9

中国版本图书馆CIP数据核字(2022)第147708号

策　　划　　孙　水
责任编辑　　周　际
编　　辑　　郝文玉
插画绘制　　原琳颖
美术编辑　　徐　莹

ZUOZHE GAOTIE QU LIUWA! JING HU XIAN
坐着高铁去遛娃！ 京沪线

出版发行	中国地图出版社	邮政编码	100054
社　　址	北京市西城区白纸坊西街3号	网　　址	www.sinomaps.com
电　　话	010-83490076　83495213	经　　销	新华书店
印　　刷	合肥杏花印务股份有限公司	印　　张	4
成品规格	210 mm × 285 mm		
版　　次	2022年11月第1版	印　　次	2024年8月安徽第2次印刷
定　　价	56.00元		
书　　号	ISBN 978-7-5204-3158-3		
审 图 号	GS京（2022）0397号		

如有印装质量问题，请与我社联系调换。

前 言

　　此绘本介绍了京沪高铁沿线城市的自然景观。这是一次遛娃的旅行，绘本中的每个景点，都能让家长快速确认目的地，轻松愉快地去遛娃。通过一条高铁线路，小朋友不仅能了解京沪高铁所经城市的概况，还能从中发现有趣的博物馆、好玩的科技馆及城市周边的特色景点。让我们翻开京沪高铁手绘地图，去认识一下不同城市的地理位置吧！

目 录

北京 /2-3

河北 廊坊 /4-5

天津 /6-9

河北 沧州 /10-11

山东 德州 /12-13

山东 济南 /14-17

山东 泰安 /18-19

山东 曲阜 /20-21

山东 枣庄 /22-25

江苏 徐州 /26-27

安徽 宿州 /28-29

安徽 蚌埠 /30-31

安徽 滁州 /32-33

江苏 南京 /34-37

江苏 镇江 /38-41

江苏 常州 /42-43

江苏 无锡 /44-45

江苏 苏州 /46-51

上海 /52-57

京沪高铁线路图 /58-59

圆明园遗址公园

圆明园遗址公园位于北京市海淀区，由圆明园、长春园、绮春园三园组成，是清王朝在150余年间创建和经营的一座大型皇家宫苑。如今的圆明园遗址公园，已经成为宏大遗址群落与园林气氛相结合的独特的旅游景观。

北京大学

📍圆明园遗址公园

颐和园

颐和园的前身为清漪园，始建于清朝乾隆十五年（1750年）。这是一座以万寿山、昆明湖为主体的大型天然山水园。园内现存各式宫殿、园林古建7万多平方米，并以珍贵的文物藏品闻名于世。颐和园既有皇家园林恢宏富丽的气势，又充满了自然之趣。

清华大学

📍颐和园

颐和园的联票包括门票和园中园门票。一定要安排好自己的时间，尽早入园，要不然逛不完哟！

北京

什刹海

什刹海是老北京风貌保存比较完好的地方，周围有恭王府、醇王府及宋庆龄故居等。游客可以选择搭乘老北京黄包车，沿途欣赏什刹海滨河的景色；或漫步于此，去探访沿岸的名人故居。

📍什刹海

📍梅兰芳大剧院

北京

北京，简称京，是中华人民共和国的首都，全国的政治、文化、科技创新和国际交往中心，是世界著名古都和现代化国际城市。北京有三千多年的建城史和七百多年的建都史，拥有众多的名胜古迹和丰厚的文化底蕴。

梅兰芳大剧院

梅兰芳大剧院位于北京市西城区，隶属于中国国家京剧院，是传统与现代艺术完美结合的现代化的中型剧场。梅兰芳大剧院作为以戏曲为主题的剧场，已成为传播戏曲艺术，展示"国粹"之美的文化阵地。

自然公园内的儿童游乐区对小朋友们四季开放。夏日可欣赏"鱼戏莲叶间"的景致,这里充满创意的迷人景观更是游客们秋天的打卡胜地。

📍自然公园

自然公园

自然公园是以野趣自然为主题的景观园林。园内有上万只鸟类,林荫蔽日,野趣横生。

📍丝绸之路国际文化交流中心

丝绸之路国际文化交流中心

丝绸之路国际文化交流中心的建筑外观以"流动的云",内部则以"丝绸之路"文化理念进行设计,是一座集博物馆、美术馆、大剧院、中剧场、音乐厅为一体的超大规模文化综合体验馆。

河北 廊坊

中信国安第一城

中信国安第一城位于廊坊市香河县,其整体建筑外仿明清时期北京都城的城垣风貌,由周边5千米的空腹城墙、22座错落有致的城楼、具有浓郁中国传统文化风格的建筑群和独具匠心的仿造皇家园林组成。

中信国安第一城

廊坊

廊坊,背靠京津,面向雄安,地处北京、天津和雄安新区"黄金三角"核心腹地。

天津

方特欢乐世界

天津方特欢乐世界

天津方特欢乐世界

天津方特欢乐世界位于天津市滨海新区,由飞越极限、魔法城堡、熊出没历险、津门大峡谷等多个主题项目区组成。这里是充满神奇色彩的科幻乐园,会让小朋友拥有震撼的玩乐体验。

欢迎八方来宾!
美丽天津,

天津海昌极地海洋公园

天津海昌极地海洋公园的欢乐剧场里，小朋友可以近距离地欣赏动物的表演，还有机会与动物来一次零距离的亲密接触。科技感十足的未来水母馆，通过数字互动、声光投影等多种形式向大家展现五光十色、神奇梦幻的水母世界。

进海洋公园检票口时记得扫码关注获取表演时间！建议游览路线：极地馆→远古海洋馆（在极地馆内）→冰河世纪馆→未来水母馆。

天津欢乐谷

天津欢乐谷由演艺中心、欢乐时光、维京海港、圣诞村等多个风格迥异的主题游乐区组成。其中，童趣盎然的海豚跳、欢乐星球大战等游乐设施是亲子互动、全家畅游的首选项目。

天津

天津，简称津，别称津沽、津门，是中国四大直辖市之一，也是中国北方最大的港口城市。

天津滨海航母主题公园

天津滨海航母主题公园位于滨海新区。以"基辅号"航母观光游览为主线,军事主题为特色,是一个集航母观光、武备展示、主题演出、娱乐休闲、影视拍摄等多功能板块为一体的大型军事主题公园。

南大港湿地

南大港湿地现已建成大洼民俗馆、观鸟亭、放鹤广场、芦海迷宫、游船码头等景点。小朋友们可以登上观鸟亭鸟瞰湿地全貌，还能在广场观看到群雁飞舞的壮观场景。最佳观鸟时间：每年4月至5月以及10月至12月。

📍南大港湿地

纪晓岚文化园

纪晓岚文化园是一座园林式仿古建筑，水榭亭台，树木环绕，外围红色长墙，清幽雅致。因纪晓岚酷爱旱烟，园中特别设计了由生铁铸成的"大烟袋"。园内的文漪阁中收藏了一部商务印书馆出版的《四库全书》，该部书是园内的镇园之宝。

📍纪晓岚文化园

河北 沧州

吴桥杂技大世界一日游的主要景点游览顺序：上午江湖文化城，下午红牡丹剧场——鬼手剧场——马戏游乐园——魔术梦幻剧场。

沧州

沧州，河北省辖地级市。东部濒临渤海，北部与天津、廊坊接壤。京杭大运河纵贯全境。

吴桥杂技

📍吴桥杂技大世界

吴桥杂技大世界

吴桥杂技大世界景区位于沧州市吴桥县京福路，建有江湖文化城、魔术迷幻宫、红牡丹剧场、滑稽动物园、马戏游乐场、杂技博物馆和民俗风情园等景点，一步一景，景景惊奇。当游客置身江湖文化城中时，可一览当年神秘、惊险的江湖百相。

11

泉城欧乐堡梦幻世界

泉城欧乐堡梦幻世界位于德州市齐河县，整个梦幻世界分为七大主题区。"蓝火之战"过山车是其中最刺激的娱乐项目，这里还能观赏精彩的花车巡游以及马戏、马术表演。

德州

德州，简称德，山东省辖地级市，是山东省的北大门。

记得去海洋极地世界的科普展厅哟！里面开设了海洋知识课堂、水母实验室、海洋标本展示区等将知识性和参与性融为一体的科普课程。那里还可以与海洋动物亲密接触呢！

📍 泉城欧乐堡梦幻世界

📍 泉城海洋极地世界

泉城海洋极地世界

泉城海洋极地世界有来自世界各地的珍稀海洋生物千余种，如北极熊、企鹅以及大白鲸等。漫步在梦幻般的海底隧道，还能观看身姿优美的美人鱼以及惊艳动感的水下芭蕾表演。

千佛山

千佛山位于济南城东南方向,这里有隋朝时刻的千佛崖、明朝时建成的兴国禅寺等历史文化景点。每年金秋时节,山间菊花盛开,期间会举办菊花食品会,还能观看"佛山赏菊"情景剧。

趵突泉

趵突泉位于济南市中心。这里的泉水温度一年四季恒定在18℃左右。趵突泉是泉城济南的象征,与千佛山、大明湖并称为济南三大名胜。

每年三月是趵突泉园区内玉兰花盛开之时。与此同时,梅花等花卉也进入花开最灿烂的时刻!

山东 济南

大明湖

大明湖位于济南市历下区，每年春天，整个大明湖都被绿意席卷，郁郁葱葱，令人心旷神怡。大明湖名胜古迹众多，拥有历下亭、铁公祠、稼轩祠、北极阁、汇波楼、南丰祠、遐园和明湖居等多处名胜景点。

济南

济南，别称泉城，山东省省会。济南是拥有"山、泉、湖、河、城"独特风貌的旅游城市，是国家历史文化名城。

泰山天颐湖旅游度假区

泰山天颐湖旅游度假区位于泰安市岱岳区。来沙滩露营吧！和小伙伴们一起玩沙滩排球、沙滩足球。在这里可以湖上泛舟，沙滩嬉戏，享受度假的乐趣。

📍泰山天颐湖旅游度假区

天乐城水世界

天乐城水世界是四季开放的室内水上娱乐场所，拥有巨兽碗、六彩竞赛滑梯、漂流河、主题宝贝水城和冲天回旋等多项水上游乐项目。

📍天乐城水世界

山东 济宁

杏坛剧场

杏坛剧场位于曲阜新儒学中心区，现已成为这座历史文化名城新儒学中心区的标志性广场建筑。在这里还可欣赏以孔子文化为主题的大型广场乐舞《杏坛圣梦》。

📍 杏坛剧场

孔府游览路线推荐：孔府大堂→二堂、三堂→孔府内宅。建议直接购买三孔景区的套票，省心又划算。

📍 曲阜明故城（三孔）旅游区

曲阜明故城（三孔）旅游区

曲阜明故城（三孔）旅游区的孔庙是祭祀孔子的祠庙；孔府是孔子嫡系子孙居住之地；孔林是孔子及其后代的墓地。"孔庙、孔府、孔林"既是中国古代推崇儒家思想的象征和标志，也是研究中国历史、文化、艺术的重要实物。

《杏坛圣梦》

曲阜

曲阜，山东省辖县级市，由济宁市代管，是孔子的故乡。曲阜古为鲁国国都，旅游资源丰富，文化底蕴厚重。

📍孔子六艺城

孔子六艺城

孔子六艺城位于曲阜市春秋路。景区是以孔子一生崇尚和倡导的"礼、乐、射、御、书、数"六艺为引线，营造了一个弘扬中国传统文化的旅游景区。景区内可以欣赏到抬花轿、织麻布、打腰鼓等民俗表演，还可以参与互动，非常适合亲子游。

微山湖湿地红荷风景区

微山湖湿地红荷风景区是生态保存原始、湿地景观极佳的荷花观赏地。景区内三月飞絮，如寒冬扬雪；七月流火，芦荡一片碧绿；等到秋风乍起，"芦荡飞雪"胜景即刻出现。

从湿地红荷风景区入口，可以坐电瓶车或步行前往码头坐船赏红荷。旺季每天最后一班发船时间为16：30，如果购买了含船票的套票记得尽早入园。

微山湖湿地红荷风景区

墨子纪念馆

墨子纪念馆

墨子纪念馆始建于1993年，是一座专门研究墨子文化、收集墨子资料、展示墨子研究成果的场馆。其中墨子圣迹堂是介绍墨子光辉一生的巨型壁画展室，由62幅相互关联的画面组成，每幅画面展现的都是关于墨子的传奇小故事。

凤凰乐园

凤凰乐园位于滕州市高铁新区，园内共建有五环过山车、摩天轮、双层旋转木马、梦幻城堡等多个大型游乐设施；其中梦幻城堡是专为儿童打造的游乐场所。

山东 枣庄

滕州

滕州，山东省辖县级市，隶属于枣庄市。滕州拥有90平方千米的微山湖红荷湿地，享有"中国荷都"的美誉。

抱犊崮国家森林公园新建了上山索道,景区内还可以体验惊险刺激的高坡滑草,感受急速滑行的快乐!

上山索道

抱犊崮国家森林公园

天下第一崮

抱犊崮国家森林公园

抱犊崮国家森林公园共分为巢云竹林、桃源仙境、君山望海、凤落古崖四个景区。群山之中有一峰如擎天柱直插云霄,这便是抱犊崮。它与龟龙湖交融一体,山水相连,气势磅礴。

台儿庄大战纪念馆

台儿庄大战纪念馆

台儿庄大战纪念馆是为了纪念抗日战争初期著名的台儿庄战役而修建。纪念馆设有临时展厅、多功能报告厅、全景画馆、台儿庄大战战场记者馆。

山东 枣庄

枣庄

枣庄,简称枣,位于山东省南部。枣庄是著名的煤城。东依临沂,西靠微山湖,南接江苏徐州,北邻济宁邹城。

📍台儿庄古城

台儿庄古城

台儿庄古城位于枣庄市东南方向,处于京杭大运河的中心点。台儿庄古城由八种建筑风格集于一体,七十二座庙宇汇于一城,是一座南北交融、中西合璧的历史文化名城。

台儿庄运河

📍台儿庄运河国家湿地公园

台儿庄运河国家湿地公园

台儿庄运河国家湿地公园的十里荷花廊堪称景观一绝。湿地中的荷花竞相绽放,另有多种水生植物与各类鸟兽虫鱼和谐共生,形成了难得一见的湿地景观。

云龙湖景区

云龙湖景区位于徐州市泉山区。设在湖心岛的云龙湖水上世界内有水族馆、海洋剧场表演馆、海洋珍奇标本馆及科普影院。

徐州

徐州，简称徐，古称彭城。徐州是"彭祖故国、刘邦故里、项羽故都"，享有"两汉文化看徐州"的美誉。

淮海战役纪念馆

徐州市淮海战役纪念馆位于徐州市南郊淮海战役烈士纪念塔园林内。目前纪念馆拥有藏品2万余件，主要是淮海战役期间的文物和历史图片及国家领导人、社会知名人士的题词和书画作品等。

新汴河水利风景区

新汴河水利风景区位于宿州市城区北部，属于城市河湖型水利风景区。主景区设有演艺广场、水上游乐码头、文化广场和儿童乐园。景区依水而建，是全家一起旅游观光、休闲娱乐的好去处。

新汴河水利风景区

奇石

奇石文化园在春节期间会定期举办"新春灯会"。每年5月左右会举办"灵璧奇石文化博览会"。

奇石文化园

奇石文化园

奇石文化园位于宿州市灵璧县西南的汴水之滨，是一个以奇石为主题的公园。汴阳楼为奇石文化园的主要观景建筑。园区中部为大片湖面，湖西岸有九曲桥连通湖心岛。

安徽 蚌埠

龙子湖风景区

龙子湖风景区位于蚌埠市东南郊，在雪华山、曹山和西芦山之间，呈三山夹一湖的独特风貌。景区集自然山水、人文景观于一体，是具有综合游憩功能的风景区。

📍龙子湖风景区

花鼓灯嘉年华

花鼓灯嘉年华位于蚌山区燕山路，以国家级非物质文化遗产——花鼓灯为主题，将体验项目和游乐设备相结合。园内包括嘉年华城市广场、花鼓灯文化广场和缤纷水世界等区域。

蚌埠

蚌埠，位于安徽省北部，地处淮河中游，古乃采珠之地，誉称"珠城"。

高达百米的花鼓灯主题摩天轮是花鼓灯嘉年华里最适宜打卡的景点。鼓足勇气带小朋友去体验一下过山车和飞跃峡谷吧！

📍花鼓灯嘉年华

张公山公园

张公山公园位于蚌埠市西南部,是蚌埠市内最大的公园。整个园区山水相映,景色秀丽。公园西部有动物园,公园北大门的西侧设有儿童乐园。

禾泉农庄

禾泉农庄位于蚌埠市怀远县涂山风景区,此处依山而建,以展示皖北农耕民俗风情、弘扬大禹文化为主要特色。农庄拥有梅花鹿养殖基地、垂钓池塘、石榴盆景园、禾泉观鱼放生池、拓展训练场地和小小动物园等娱乐区域。

安徽禾泉农莊

金甲溪千岩峡森林漂流

金甲溪千岩峡森林漂流位于滁州市南谯区大柳镇，全长约2千米，总落差约30米，有大小潭坝十余个。在林间呼吸着芬芳空气，水花冲洗着身体，待换上干爽的衣服，回味漂流的体验，一定倍感愉快！

安徽 滁州

金甲溪千岩峡森林漂流

明皇陵石碑

明皇陵

明皇陵

明皇陵位于凤阳县西南方向，是朱元璋父母和兄嫂的陵寝。陵前神道上的32对石像生，具有很高的石刻艺术价值。皇陵碑文为朱元璋亲撰，碑文共1105字，是研究朱元璋家史与元末明初历史的珍贵史料。

中山陵

中山陵位于南京东郊的钟山风景区，它是孙中山先生的陵寝及其附属纪念建筑群，被誉为"中国近代建筑史上第一陵"，也是南京的标志之一。中山陵周边的景点有明孝陵、美龄宫、音乐谷、中山植物园等。

参观南京总统府结束后，还可以带小朋友去对面的南京图书馆借阅图书，或去南京美术馆赏析艺术作品。

南京总统府

南京总统府位于南京市长江路，是中国近代建筑遗存中规模较大、保存较完整的建筑群，现已辟为中国近代史博物馆。

美龄宫

江苏 南京

南京夫子庙

南京夫子庙位于南京市秦淮区秦淮河北岸,为供奉祭祀孔子之地,是中国第一所国家最高学府,中国四大文庙之一。夫子庙主要由孔庙、学宫、贡院三大建筑群组成。这里是南京的特色景观区。

南京夫子庙

南京

南京,简称宁,江苏省省会,位于江苏省西南部、长江下游。

江苏 南京

朝天宫

朝天宫是典型的明清殿宇式建筑。南朝时这里曾为中国南方最早的科研机构总明观的所在地,明朝时为朝廷举行盛典前练习礼仪的场所,也是官僚子弟袭封和文武官员学习朝见天子的地方。现为南京市博物馆。

玄武湖

玄武湖位于南京市玄武区,古名桑泊、后湖。东枕紫金山、西靠明城墙、北邻南京站、南倚覆舟山,是中国规模较大的皇家园林湖泊,被誉为"金陵明珠"。

人鲨共舞

海底世界有银鱼秀、海洋动物秀、人鱼表演及人鲨共舞等各场演出,一定要看好时间,提前排队入场哟!

南京海底世界

南京海底世界位于南京市玄武区中山陵园,它拥有长74米的玻璃隧道。五光十色的珊瑚鱼、凶猛的大鲨鱼围绕在身边,和家人一起领略迷人的海底景观吧!在这里还可以投喂海豹、北极熊等,千万不要错过海豚表演哟!

江苏 镇江

北固山风景区

北固山风景区由前峰、中峰和后峰三部分组成。前峰现已辟为镇江烈士陵园；中峰现改为国画馆；后峰为北固山主峰，素以"天下第一江山"闻名于世，是观赏长江风景的好地方。

📍北固山风景区

📍西津渡古街

西津渡古街

西津渡古街位于镇江市区西北方向。古街两侧是青砖砌成的传统民居和山墙。逛完古街后可到旁边的镇江博物馆参观，或者登上古街后面山顶的云台阁俯瞰城区，夜晚的古街美不胜收。

镇江

镇江，位于长江与京杭大运河"十"字交汇处，素有"城市山林"之称。

金山旅游区

金山旅游区位于镇江市西北方向,金山寺为景区的主要景点。游览金山寺的过程也是攀爬金山的过程。家喻户晓的中国古典神话故事《白蛇传》中的水漫金山寺就源于此。

金山寺每年12月31日会举办盛大的撞钟祈福活动。每年6月至8月,金山寺还会举办约200米长的荷花展。

镇江博物馆

镇江博物馆是一座地方历史综合类博物馆,创建于1958年。镇江博物馆珍藏着40000余件(套)从新石器时代至明清时期的文物。

九里风景区

九里风景区位于丹阳市延陵镇,是一个以吴文化为背景,以季子庙为核心的祠庙建筑群景区。这里有独特的奇观异景——沸井涌泉,闻名遐迩。井内水面翻腾鼎沸,滚浪有声。

万善公园

万善公园位于丹阳市市区,是以万善古塔为主体,配以万善城楼、浮屠胜境、御舫涟漪和凤谷鸣琴四大仿古景区建成的一座综合性公园。

丹阳

丹阳,由镇江市代管,位于江苏省南部,是一座历史悠久、人文荟萃的文化之城。

江苏 镇江

石佛

天地石刻园

天地石刻园

天地石刻园位于丹阳市开发区凤凰湖畔。石塔石佛荟萃，麒麟天禄成群，石兽碑碣林立。天地石刻园将石刻展览与大地景观相结合，使游客在人工与自然、历史与真实中穿梭。

江苏 常州

环球动漫嬉戏谷

环球动漫嬉戏谷位于常州市太湖湾。嬉戏谷中有童话王国"摩尔庄园"、中世纪风格的"传奇天下"及儿童体验区"洛克王国"等主题区域。每个区域的演出都精彩丰富，小朋友看好演出时间，不要错过哟！

恐龙园园区内可自带封口食品，上午九点开园，记得提前去排队。园内刺激惊险的项目较多，建议做好攻略再买票哟！

中华恐龙园

中华恐龙园位于常州市新北区，是一个以恐龙为主题的大型游乐园。园区现有七大主题区域，五十多个极限游乐项目，每天会安排十多场各种风格的主题演出。园内的中华恐龙馆，是向青少年科普恐龙知识的核心区域。

天目湖旅游度假区

天目湖旅游度假区位于常州市溧阳市以南。游客可坐游船游览龙兴岛，感受天目湖美景。度假区内的山水园海洋世界有各类热带淡水鱼、海洋鱼和海洋动物等。夏季可以去水世界游玩，其中家庭大滑板、宝贝乐园、加勒比海水城等游乐项目，很适合带小朋友玩耍。

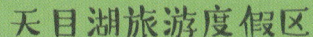
天目湖旅游度假区

淹城春秋乐园

淹城春秋乐园位于常州市武进区，这里的主要景点有诸子百家园、春秋王宫和遗址广场等。春秋乐园里的主题演艺全年不间断，演艺秀场气势磅礴、内容丰富。小朋友还可以玩真人水战，感受春秋时期水上大战的盛况。

淹城春秋乐园

常州

常州，简称常，位于江苏省南部，是一座有着3200多年历史的文化古城。

江苏 无锡

鼋头渚风景区

鼋头渚为太湖西北岸无锡境内的一个半岛，因有巨石突入湖中，状如浮鼋翘首而得名。景区内有多处景点，春天开樱花，夏日绽荷花，秋季赏红叶，冬季可喂食远道而来的红嘴鸥。

鼋头渚风景区于每年3月中旬至5月初举办国际樱花节。樱花谷、充山隐秀、长春桥一带是踏青赏樱的好位置。

无锡

无锡，简称锡，是江苏省辖地级市。无锡是一座具有浓厚历史文化底蕴的江南名城，是中国著名的"鱼米之乡"。

📍鼋头渚风景区

📍灵山胜境风景区

灵山胜境风景区

灵山胜境风景区位于无锡市太湖之滨。其中梵宫之"特"、灵山大佛之"大"、九龙灌浴之"奇"是灵山胜境风景区的三大奇观。

无锡欢迎您！

宜兴竹海风景区

宜兴竹海风景区位于宜兴南部。坐缆车登山顶，途中可饱览竹海全景，如遇风来，更可欣赏竹海的气势磅礴和惊涛骇浪。山巅白云缭绕，奇花异草漫山遍野，让人有"疑是天仙客居处"之感。

宜兴竹海风景区

镜湖

中央广播电视总台无锡影视基地

中央广播电视总台无锡影视基地

中央广播电视总台无锡影视基地每天有多场马战、歌舞、影视特技类的节目连番上演。三国城内的大型马战《三英战吕布》气势磅礴；水浒城内影视表演《铁血丹心》展现了古装武侠剧的拍摄奥秘。

江苏 苏州

沧浪亭

沧浪亭是苏州最古老的古典私家园林。沧浪亭的廊壁长约 50 米,镶嵌着 108 个精美花窗,且无一雷同,这是沧浪亭匠心独运之处。

狮子林

狮子林与拙政园、留园、沧浪亭合称为"苏州四大名园"。狮子林中假山群的怪石形似起舞的群狮,而且假山与假山间连通犹如迷宫,在这里游玩的小朋友可以体会数石狮子、钻石头迷宫捉迷藏的乐趣。

拙政园

拙政园是苏州最大的古典园林,展现了江南水乡的独特风貌。园林内的中部花园,基本保持了明代园林朴素自然的风格,为全园最精华的看点。

苏州博物馆

苏州博物馆分为主馆和西馆，主馆是地方综合类博物馆，为苏州文物收藏、保护、研究、展示、教育的中心。西馆的展陈区展出文物2100余件（套），设有通史陈列馆、苏作工艺馆、多媒体展示馆等多个展区。

📍苏州博物馆

游客参观苏州博物馆前需登录官方网站进行网上预约。可持有效身份证件进入博物馆的古籍图书馆免费阅览。

苏州

苏州，位于江苏省东南部，市区现有108座园林列入苏州园林名录。太湖大部分景点、景区分布在苏州境内。

📍留园

留园

留园以园内建筑布置精巧、奇石众多而知名。园林中能领略到山水、田园、山林、庭园四种不同景色。中部以水景见长，是全园精华。著名的留园三绝是冠云峰、楠木殿及殿内的鱼化石。

江苏 苏州

虎丘山风景区

虎丘山风景区位于苏州城的西北角。景区最为著名的景点是云岩寺塔、剑池和千人石等。其中高耸入云的云岩寺塔已有一千多年的历史,古朴雄奇,成为苏州古城的标志性建筑。

虎丘山风景区

古镇门票从购买之日起三天内有效。建议增加游玩时长,可以更好地体验江南水乡的静与美。

周庄

周庄

周庄古镇位于苏州的东南方向,是中国第一水乡。走进周庄古镇,井字型河道上完好保存着14座建于元、明、清各代的古石桥。水巷之间,昆曲悠远,"小桥流水人家",如入画卷。

剑池

虎丘

风壑云泉

寒山寺

　　寒山寺位于苏州西郊,已有一千五百多年的历史,因唐代诗人张继的名诗《枫桥夜泊》中"姑苏城外寒山寺,夜半钟声到客船"一句而闻名天下。寺内的钟楼便是"夜半钟声"的来源之处,洪亮悠扬的钟声是寒山寺的象征。

寒山寺

阳澄湖

阳澄湖位于江苏省的南部。建在环湖的阳澄湖水上公园包括自行车道和环湖跑道。公园里有脚踏船、手摇船、水上行走等水上娱乐项目。游玩后和家人去巴城老街享受正宗的阳澄湖大闸蟹吧！

📍阳澄湖

阳澄湖大闸蟹

每年农历的九月和十月是吃阳澄湖大闸蟹的最好时间了！在阳澄湖畔有一条风景优美的骑行车道，建议带着小朋友去打卡骑行地标。

昆山

昆山，江苏省辖县级市，由苏州市代管。位于江苏省东南部、上海与苏州之间。昆山是"百戏之祖"昆曲的发源地。

锦溪古镇

锦溪古镇因镇内一条彩若锦带的小溪而得名，素有"36座桥，72只窑"之美誉。这座古镇保持着淳朴的江南水乡风貌。水巷、拱桥、廊坊、茶馆……处处透露出人文气息。

📍锦溪古镇

江苏 苏州

亭林园

亭林园位于昆山市的西北方向。亭林园历史悠久，名胜古迹众多。景点有昆曲博物馆、千年银杏树、妙峰塔、翠微阁、玉宇琼台、顾炎武纪念馆等。

📍亭林园

千灯古镇

千灯古镇位于昆山市以北，夹在一众水乡之间。古镇中有四大看点：石板街、延福禅寺、昆曲发源地及顾炎武故居。千年的秦峰塔，古朴而又巍峨，静静地矗立在那里，见证着古镇的变化。

📍千灯古镇

上海自然博物馆

上海自然博物馆位于静安雕塑公园内，以"自然·人·和谐"为主题，展示了来自七大洲的11000余件标本模型，其中珍稀物种标本近千件。博物馆共有五层，其中地下二层的探索中心注重孩子们动手参与的过程，深受小朋友们的喜爱。

上海自然博物馆探索中心的各类主题活动，需要提前通过官方网站或微信公众号进行预约才能体验哦！

📍上海自然博物馆

📍外滩

外滩

外滩位于黄浦区的黄浦江畔，全长1.5千米，位于浦西，东临黄浦江。数十栋风格迥异的建筑群和浦江夜景是它的精华所在。

上海

上海东方明珠广播电视塔

上海东方明珠广播电视塔，简称东方明珠，位于浦东新区黄浦江畔、陆家嘴嘴尖上，与隔江的外滩万国建筑博览群交相辉映，展现了国际大都市的壮观景色。

毒箭蛙

翻车鱼

上海东方明珠广播电视塔

上海海洋水族馆

上海

上海，简称沪，位于中国东部，地处长江入海口，面向太平洋。上海是中国最大的经济中心和重要的国际金融中心城市。

上海海洋水族馆

上海海洋水族馆位于浦东新区陆家嘴，紧邻东方明珠塔。馆内155米长的海底隧道拥有全方位景观视窗，引领每一位游客进行深度的"海洋之旅"。

53

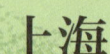

豫园

豫园位于上海老城厢东北部，是著名的江南古典园林。整座园林亭台楼阁、假山水榭、古树名花，布局有致。园林具有小中见大的特点，体现出明清两代江南园林建筑的艺术风格。

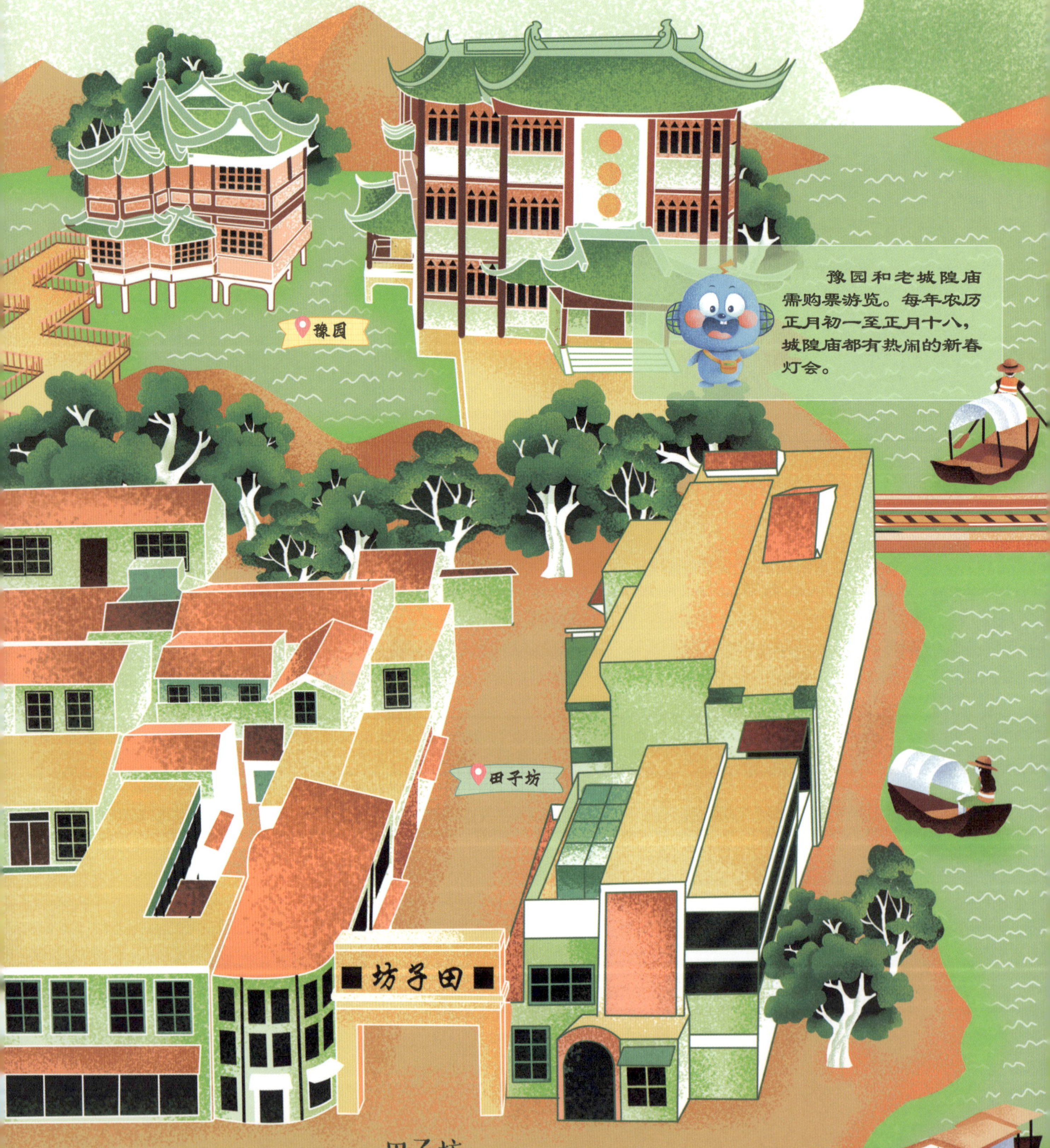
豫园
豫园和老城隍庙需购票游览。每年农历正月初一至正月十八，城隍庙都有热闹的新春灯会。
田子坊
坊子田

田子坊

田子坊位于上海市黄浦区泰康路。这里是由上海特有的石库门建筑群改建后形成的时尚地标性创意产业聚集区，也是不少艺术家的创意工作基地。一家家特色小店和艺术作坊在不经意间跳入你的视线。

吴淞炮台湾国家湿地公园

吴淞炮台湾国家湿地公园由湿地与陆地两部分组成，沿江岸线约2250米。公园内动植物种类丰富，沿江湿地是冬季候鸟迁徙停留的一个重要位置，小朋友可在这里近距离观赏鸟类。

📍吴淞炮台湾国家湿地公园

上海城隍庙

📍上海城隍庙

上海城隍庙泛指黄浦区东部的城隍庙旅游景区，以著名景点"豫园"及"老城隍庙"为中心，是上海的标志性景点之一。这个景点代表着上海的历史文化和民俗风情，荟萃了众多地道的老字号餐馆，同时也是金店和小商品店的聚集地。

上海

📍 上海迪士尼度假区

上海迪士尼度假区

上海迪士尼度假区位于浦东新区，是一座融汇了中国风的迪士尼主题乐园。这里有目前世界最大的迪士尼城堡，包括米奇大街、奇想花园、梦幻世界、探险岛、宝藏湾、明日世界和迪士尼·皮克斯玩具总动员主题园区。

上海科技馆

上海科技馆位于浦东新区行政文化中心的世纪广场。馆内有数百件精美的野生动物标本与地质标本、各种功能迥异的机器人表演、各种电子信息设备与航天设备模型，以及多种科技发明的展示。

📍 上海科技馆

上海科技馆场馆大、体验项目多，节假日时很多项目都需要排队等候，建议提前做好时间规划。

复兴号

上海野生动物园

上海野生动物园位于浦东新区。动物园居住着来自国内外的珍稀野生动物万余头（只），园区分为步行区、车入区及"水域探秘"三大部分。与可爱动物邂逅，携家人在野趣、乐趣、闲趣中赴一场人与动物的美妙之约吧！

上海欢乐谷

上海欢乐谷位于上海松江佘山国家旅游度假区。园内拥有阳光港、欢乐时光、上海滩、金矿镇和飓风湾等多个主题区。这里有60米无底跌落式过山车"绝顶雄风"、1200米木质过山车"谷木游龙"、30米落差"激流勇进"、6D虚拟过山车"海洋之星"等娱乐项目，为游客带来超凡的感官体验。